Ensaladas

BLUME

Contenido

Radiccio, escarola y Cía.

Variedades tentadoras

Las ensaladas nunca pasan de moda. No hace mucho, este plato no era más que la guarnición obligada para todo tipo de guisos de carne, pero poco a poco ha ido obteniendo, y no sólo entre los expertos, un reconocimiento como plato propio. No hay ninguna preparación más variada, más fantasiosa, más vistosa que una ensalada. Aquella típica lechuga acompañada de otras hortalizas del huerto como zanahorias, rábanos o cebollas ha sido superada por una inmensa diversidad de productos muy conocidos llegados de todas partes del mundo. Hace veinte años apenas nadie conocía la rúcula, la achicoria, las endibias rojas o el pak-choi, por mencionar sólo algunos. Hace ya tiempo que llegan a nuestras verdulerías productos de países cercanos y lejanos que enriquecen la variedad de nuestra lista de la compra. La ensalada es un plato que acepta casi toda clase de ingredientes. Además de la tradicional lechuga fresca, se pueden elaborar ensaladas con las hortalizas más variadas que, maceradas o blanqueadas, pueden servirse con pescado, carne, pasta o arroz. También es posible preparar una ensalada con frutas, y no sólo las de la estación, sino incluso con frutas exóticas que dan al plato un sabor nuevo.

1

Las **CEBOLLAS ROJAS** (izquierda) tienen la piel de color rojo, lo que les da un aspecto muy decorativo. A diferencia de las cebollas tradicionales, de piel marrón, éstas tienen un gusto algo más dulce y suave.

1 El **ROMANESCO** pertenece a la familia de las coliflores. Su «cabeza» tiene un tono ligeramente verde y presenta inflorescencias puntiagudas. Al comprarlo, debe estar cerrado y no tener manchas.

2 El **AGUACATE** posee abundantes ácidos grasos insaturados que hacen que contenga hasta el 30 % de grasa. Su pulpa es de color amarillo pálido y de textura cremosa. Para que un aguacate esté maduro debe ser blando y compacto.

3 Los ingredientes más típicos y usados en la elaboración de las salsas para ensalada son el **VINAGRE** y el **ACEITE**. La más común de ellas es una vinagreta de aceite de oliva y vinagre de vino blanco, que queda más fina con el oscuro vinagre balsámico.

4 Los mejores **HIGOS** tienen un gusto muy fresco. Hay una variedad de color verde de gusto algo ácido y otra de tono violeta que resulta algo más dulce.

5 Las hojas muy rizadas de la **ESCAROLA** se emplean como guarnición o como ingrediente de ensaladas. Debe tenerse cuidado con su corazón de color amarillento, pues se pudre muy rápidamente.

6 En la **PAPAYA** la piel puede ser de color verde o hasta amarillo y su pulpa, rojiza anaranjada. Su gusto es una mezcla entre albaricoque y melón.

7 La **HIERBA DE LOS CANÓNIGOS** tiene las hojas tiernas y un gusto ligeramente aromático. Es resistente al frío, por lo que se emplea en ensaladas de invierno.

6

7

El **POMELO** es uno de los cítricos más grandes. Entre sus variedades está el de pulpa blanca con piel amarilla y el de pulpa rosada con piel amarilla rojiza.

Existen **CALABAZAS** de verano, con pulpa blancuzca, como el calabacín, y calabazas de invierno de piel anaranjada y pulpa ligeramente fibrosa.

LOLLO ROSSO y **LOLLO BIONDO** son lechugas para cortar e ingredientes característicos de las ensaladas de cogollos. Tienen la cabeza abierta y sus hojas son un poco rizadas; su estructura, compacta y su gusto, ácido.

El **MANGO** es una fruta de pulpa carnosa, dorada y algo fibrosa. El sabor del mango recuerda a una mezcla de melocotón y de piñones.

PHYSALIS **o ALQUEJENJES** son frutos de color rojo anaranjado y de un tamaño parecido al de la cereza; su gusto es ácido y se comen crudos, reducidos a puré, en helado o compota.

El **RADICCIO** o **ACHICORIA DE TREVISSO** tiene una «cabeza» compacta, redonda y de color violeta con nervaduras blancas. Sus hojas son algo amargas, pero pierden las sustancias que amargan si se las remoja en agua caliente.

Paso a paso

Técnicas culinarias más importantes

Los verdaderos entendidos no se contentan con un tipo único de ensalada: tiene que ser una auténtica variedad muy colorista. Sea como sea, nunca es suficiente con la simple diversidad de ingredientes. El resultado en la cocina de las ensaladas se basa en la frescura y la calidad de los productos que se utilizan. La regla de oro de toda ensalada es: cuanto más frescas y apetecibles sean las hojas, más aromática y vitamínica será la ensalada. También debe tenerse en cuenta que la salsa debe ser lo último en ponerse y que, una vez aliñada, debe servirse enseguida, ya que una buena ensalada no tiene el mismo gusto cuando las hojas han dejado de crujir. La salsa vinagreta, típica para estos platos, puede aplicarse con algo de fantasía en muchas clases de ensalada. Su elaboración es muy fácil si se utilizan vinagres y aceites de calidad y se tiene en cuenta que primero debe mezclarse el vinagre con los condimentos e incorporar el aceite posteriormente. Los que se preocupan por su figura aprecian mucho los aliños hechos con productos lácteos. El uso de yogur o crema de leche agria es algo que queda a su elección.

Preparar la hierba de los canónigos

1 Corte las pequeñas raíces de manera que las hojas queden unidas al tallo. Quite las hojas secas o marchitas.

2 Lávelas en un recipiente con mucha agua fría. Renueve el agua tantas veces como sea necesario para que queden realmente limpias.

3 Séquelas en una centrifugadora para ensaladas o déjelas escurrir, aunque no demasiado tiempo, ya que entonces pierden vitaminas.

Preparar la piña

1 Corte el penacho y la base de la piña de modo que pueda verse la pulpa.

2 Póngala de pie y pélela cortando siempre de arriba abajo. Vacíe los «ojos» con la punta de un cuchillo.

3 Córtela por la mitad en sentido vertical y extraiga el corazón leñoso. Es preferible que corte el fruto a dados.

Preparar la salsa vinagreta

1 Remueva con una batidora de varillas una mezcla de sal, pimienta, mostaza y vinagre hasta que la sal se haya disuelto totalmente.

2 Añada el aceite poco a poco y sin dejar de remover hasta conseguir una salsa cremosa.

3 Como variante, puede añadir una cucharadita de miel y otra de vinagre balsámico, siempre sin dejar de remover.

4 Otra opción consiste en que la mitad del aceite que utilice sea de nueces y además añada nueces troceadas.

Preparar las endibias

1 Lave las endibias y córtelas por la mitad a lo largo. Corte el tronco leñoso con un cuchillo dándole forma de cuña.

2 Ponga la parte cortada de la endibia sobre la superficie de trabajo y córtela en la forma deseada.

Salsas de productos lácteos

1 Bata una mezcla de yogur (u otro producto lácteo) con sal, pimienta y mostaza. Añada luego zumo de limón, al gusto.

2 También puede añadir aceite, con lo que conseguirá un aliño muy suave. Incorpore trocitos de melisa, si lo desea.

3 Otra variante consiste en sustituir la melisa por hierbas como perejil, albahaca o incluso trocitos de cebolla, siempre sin dejar de remover.

4 Una alternativa exótica consiste en añadir una cucharadita de jengibre muy finamente picado y otra de curry en polvo.

Ensaladas de lechugas y hortalizas

Ensalada de otoño
con uvas

Fruto de la **combinación:** el gusto ligeramente amargo del radiccio, las frutas dulces y el queso salado aportan al paladar una sensación **particular.**

Ingredientes

300 g de hojas de **ensaladas variadas** (**hoja de roble**, **radiccio**, **lollo rosso**, **endibia roja** y **escarola**)

100 g de **uvas negras** y 100 g de **verdes**

1 **pera** pequeña

1 cucharada de **vinagre de manzana**

1 cucharada de **vinagre de jerez**

1 cucharadita de **zumo de pera**

sal y **pimienta** recién molida

1 cucharada de **aceite de oliva**

1 cucharada de **aceite de nueces**

2 cucharadas de **nueces**

100 g de copos de **queso parmesano**

Preparación
PARA 4 PERSONAS

1 Corte los troncos de las ensaladas elegidas con agua fría de forma rápida pero minuciosa. Centrifugue las hojas y córtelas a trozos que quepan en la boca.

2 Lave las dos clases de uva, arránquelas del racimo y córtelas por la mitad. Lave la pera, córtela por la mitad y extráigale el corazón y las pepitas. Córtela luego en finas láminas.

3 Para el aliño, mezcle bien los vinagres de manzana y jerez, el zumo de pera, la sal y la pimienta con una batidora de varillas y añada, por último, los aceites. Pruébelo y rectifique la condimentación si fuese necesario.

4 Dore las nueces en una sartén sin grasa. Mezcle las hojas de ensalada con el aliño y distribúyalas en cuatro platos; adórnelos con la pera, las uvas, las nueces doradas y el queso parmesano.

El gusto áspero del radiccio se debe a ciertas sustancias que se encuentran en su tronco y sus hojas. Esta sustancia es útil para activar el metabolismo.

Ensalada de escarola con queso de oveja

No es sólo un placer para la vista: la decorativa escarola, el sabroso queso de oveja y los trozos dulces de pera logran una relación especialmente intensa.

Ingredientes

200 g de **escarola**

2 **tomates**

½ **pepino** para ensaladas

100 g de **queso de oveja**

1 **pera** madura

1 cucharada de **zumo de limón**

1 cucharada de **vinagre de vino tinto**

1 cucharadita de **vinagre balsámico**

1 cucharadita de **jarabe de arce**

sal y **pimienta** recién molida

5 cucharadas de **aceite**

1 cucharada de **cebollino** a rodajitas

Preparación

PARA 4 PERSONAS

1 Separe las hojas de la escarola y lávelas rápidamente con agua fría a conciencia. Centrifugue las hojas y córtelas en trocitos de un tamaño regular.

2 Lave los tomates, cuartéelos, descorazónelos y córtelos a dados quitando el peciolo. Lave el pepino, córtelo por la mitad a lo largo y luego en rodajas.

3 Corte el queso de oveja a dados. Lave la pera, cuartéela y descorazónela. Córtela primero a lo largo y luego en láminas finas. Rocíela a continuación con unas gotas de zumo de limón.

4 Para el aliño, mezcle y remueva bien el vinagre balsámico con el vinagre de vino tinto, el jarabe de arce, la sal y la pimienta con una batidora de varillas mientras vierte el aceite poco a poco. Rectifique la condimentación y añada el queso de oveja y el cebollino.

5 Mezcle la escarola, los dados de tomate y las rodajas de pepino con el aliño. Reparta las láminas de pera en cuatro platos, distribuya por encima la ensalada y, por último, el queso.

Las hojas rizadas de la escarola dan a la ensalada un efecto muy decorativo, por lo que a menudo también se usan como guarnición. Atención: el corazón de la escarola se pudre rápidamente.

Ensalada de col
con zanahoria y brécoles

Preparación
PARA 6 PERSONAS

1 Corte el tronco de la col china, separe las hojas y lávelas con agua fría rápidamente. Centrifugue las hojas y córtelas a tiras.

2 Pele las zanahorias, prepare los tallos de apio y lávelos. Córtelos en rodajas finas.

3 Separe el brécol en ramitas y blanquéelo con las zanahorias, el apio y medio limón en agua salada hirviendo unos 7 minutos.

4 Una vez blanqueados, enfríelos rápidamente con agua fría y escúrralos. Tire los trozos de limón.

5 Pele el ajo y prénselo sobre una ensaladera a la que luego añadirá el vinagre de frutas, el de jerez, el jengibre molido, la salsa de soja y el aceite. Condimente al gusto.

6 Añada a la ensaladera la col, las zanahorias, el apio y los brécoles, y mézclelos bien.

Ingredientes

300 g de **col china**

200 g de **zanahorias**

2 tallos de **apio**

200 g de **brécoles** · **sal**

½ **limón** ecológico

1 diente de **ajo**

2 cucharadas de **vinagre de frutas**

2 cucharadas de **vinagre de jerez**

1 pizca de **jengibre** molido

1 cucharada de **salsa de soja**

8 cucharadas de **aceite de girasol**

pimienta molida

Ingredientes

200 g de **diente de león amarillo** y 200 g de **verde**

150 g de **aceitunas verdes** deshuesadas

1 cucharada de **alcaparras**

3 cucharadas de **caldo vegetal**

3 cucharadas de vinagre de **vino blanco**

1 cucharadita de **mostaza de Dijon**

8 cucharadas de **aceite de oliva**

sal y **pimienta** molida

4 rebanadas de **pan de molde**

2 **dientes** de **ajo**

2 cucharadas de **romero** y **tomillo**

Ensalada de diente de león y aceitunas

Preparación

PARA 4 PERSONAS

1 Lave rápidamente las hojas de diente de león con agua fría. Centrifúguelas y, en caso de necesidad, córtelas en trozos de un tamaño regular.

2 Corte las alcaparras y 5 aceitunas en trozos pequeños, inclúyalas en el caldo vegetal, el vinagre y la mostaza para el aliño. Mézclelo con una batidora de varillas mientras vierte 6 cucharadas de aceite de oliva. Condimente con sal y pimienta.

3 Corte a dados el pan sin corteza, y dórelos en una sartén con el resto del aceite de oliva. Pele los dientes de ajo y unte con ellos los picatostes; esparza las especias por la ensalada.

4 Distribuya las hojas de diente de león y el resto de las aceitunas en 4 platos, vierta unas gotas de aliño por encima y adorne con los picatostes.

Ensalada mixta
con nueces

¿Le apetece degustar una creación exitosa?

En el surtido de las ensaladas frescas la clave está en las nueces.

Ingredientes

½ **lechuga arrepollada**

y ½ **hoja de roble**

¼ de **escarola**

unas hojas de **radiccio**

un puñado de **hierba de los canónigos**

4 **cebollas** tiernas

12 **tomates cereza**

1 diente de **ajo**

1 cucharadita de **mostaza de Dijon**

sal y **pimienta** recién molida

1 cucharadita de **vinagre balsámico**

1 o 2 cucharadas de **vinagre de vino tinto**

3 cucharadas de **vino tinto seco**

1 cucharada de **aceite de nueces**

5 cucharadas de **aceite de oliva**

30 g de **nueces**

1 **huevo duro**

½ manojo de **cebollinos**

Preparación

PARA 4 PERSONAS

1 Arranque las hojas externas de la lechuga, la hoja de roble y de la escarola. Corte también el tronco y lávelas a fondo junto con el radiccio con abundante agua. Centrifugue las hojas y córtelas en trozos de un tamaño regular para comer.

2 Lave rápidamente la hierba de los canónigos con abundante agua fría. Centrifugue las hojas.

3 Prepare y lave las cebollas tiernas, corte las hojas en rodajas finas. Lave y corte por la mitad los tomates. Corte por la mitad a lo largo el diente de ajo y frote con él el interior de una ensaladera grande.

4 Para el aliño, bata la mostaza, la sal, la pimienta, el vinagre balsámico y el vinagre de vino tinto hasta que la mostaza se haya disuelto por completo. Incorpore, sin dejar de batir, el vino tinto, el aceite de nueces y 4 cucharadas de aceite de oliva.

5 Parta las nueces y páselas por la sartén con 1 cucharada sopera de aceite de oliva. Pele el huevo duro y píquelo. Limpie los cebollinos, centrifúguelos y luego córtelos en rodajas finas.

6 Ponga las hojas de ensalada, los tomates y las cebollas en una ensaladera, alíñelos y mézclelos bien. Luego añada las nueces, el huevo duro y el cebollino.

Ensalada variada
con acelgas rojas

Varíe el **aliño:** en vez de vinagre y aceite, utilice en su lugar yogur cremoso y zumo de **naranja.**

Ingredientes

150 g de hojas para **ensalada** variadas (**escarola**, **acelgas rojas**, **espinacas**, **hierba de los canónigos**)

½ **pepino**

2 ramitas de **eneldo**

7 cucharadas de **yogur**

2 cucharadas de **zumo de naranja**

sal y **pimienta** recién molida

Preparación

PARA 4 PERSONAS

1 Corte el tronco de las hojas de ensalada y lávelas rápidamente con abundante agua fría. Centrifugue las hojas para secarlas y luego córtelas en trozos de un tamaño regular.

2 Pele el pepino y córtelo en rodajas finas. Limpie el eneldo, centrifúguelo y trocéelo finamente.

3 Para el aliño, mezcle el yogur con el zumo de naranja; añada sal y pimienta y bata el conjunto. Lave el eneldo, centrifúguelo y córtelo a trocitos. Mézclelo con el aliño.

4 Ponga la ensalada decorativamente en una ensaladera, mézclela con el aliño y sírvala.

Las acelgas pueden ser blancas o rojas, cualquiera de las dos sirve para esta receta, puesto que el gusto no se ve afectado, sólo el color.

Ensalada de setas de cardo y garbanzos

Preparación

PARA 2 PERSONAS

1 Lave los tomates, retíreles el pedúnculo y córtelos en octavos. Prepare las fresas, lávelas y córtelas también en octavos.

2 Corte la mozzarella a dados. Pele media cebolla y córtela a rodajas finas.

3 Limpie las setas de cardo, trocéelas y dórelas unos minutos en una sartén con la mantequilla caliente. Sazone con sal y pimienta.

4 Lave las hojas de espinacas, centrifúguelas y colóquelas a capas en una ensaladera. Para el aliño, bata los dos vinagres con el aceite de oliva, la sal y la pimienta.

5 Ponga las setas sobre las espinacas y adórnelas con los tomates y las fresas. Esparza por encima los garbanzos, las rodajas de cebolla y los dados de mozzarella. Sazone la ensalada con el aliño preparado.

Ingredientes

2 **tomates**

4 **fresas**

1 **mozzarella** de 125 g

½ **cebolla roja**

100 de **setas de cardo**

1 cucharada de **mantequilla**

sal y **pimienta** recién molida

1 manojo de **espinacas**

1 cucharadita de **vinagre de vino blanco**

1 cucharadita de **vinagre de frambuesa**

2 cucharadas de **aceite de oliva**

2 cucharadas de **garbanzos** (en conserva)

Ingredientes

75 g de **tocino ahumado** a dados

2 rebanadas de **pan de molde** cortado a dados

3 cucharadas de **aceite**

2 o 3 dientes de **ajo** picados

1 **lechuga romana**

2 **huevos**

100 ml de **aceite de oliva**

3 o 4 cucharadas de **zumo de limón**

sal

pimienta recién molida

2 filetes de **anchoa**

30 g de **parmesano** recién rallado

Ensalada César
con tocino y picatostes

Preparación
PARA 4 PERSONAS

1 Fría el tocino a fuego lento y sáquelo de la sartén. Dore los dados de pan en el aceite y añada el ajo picado. Deje escurrir los picatostes de pan sobre papel de cocina.

2 Desprenda las hojas de lechuga del tronco y lávelas rápidamente con abundante agua fría. Centrifúguelas y luego trocéelas con un tamaño adecuado para comer.

3 Cueza los huevos 1 minuto en agua hirviendo, sáquelos y deje que se enfríen en agua fría, cásquelos y extraiga el interior a cucharaditas que distribuirá en la ensaladera. Remueva enérgicamente el zumo de limón y el aceite de oliva con una batidora de varillas; añada sal y pimienta.

4 Sazone las hojas con el aliño. Lave las anchoas, trocéelas y mézclelas con el tocino y la ensalada. Esparza por encima el pan y espolvoree con el parmesano.

Ensalada veraniega
con rábanos

Sus colores rojo, amarillo y verde dotan a esta ensalada de gran luminosidad.
Los colores del verano hacen que esta ensalada parezca casi una obra de arte.

Ingredientes

300 g de **hojas de lechuga variadas (lechuga arrepollada, lollo biondo, batavia, escarola** y **lechuga romana)**

1 manojo de **rabanitos**

1 **pepino**

1 **pimiento amarillo**

2 **huevos duros**

1 cucharada de **vinagre de vino blanco** y otra de **vinagre de estragón**

1 cucharadita de **mostaza de Dijon**

sal y **pimienta** recién molida

3 cucharadas de **aceite de oliva**

algunas **flores de capuchina**

Preparación

PARA 4 PERSONAS

1 Separe las hojas de lechuga de su tronco y lávelas rápidamente con abundante agua fría. Centrifúguelas y luego córtelas a trozos de un tamaño regular para comer.

2 Prepare los rabanitos, lávelos y córtelos a rodajas. Lave el pepino y córtelo también en rodajas finas.

3 Corte el pimiento por la mitad a lo largo, sáquele las semillas, lávelo y córtelo en tiras muy finas. Pele los huevos y luego córtelos en octavos.

4 Para el aliño, mezcle ambos vinagres con la mostaza, la sal y la pimienta con una batidora de varillas mientras vierte el aceite de oliva. Pruebe el aliño y rectifique la condimentación.

5 Mezcle las hojas de lechuga, las tiras de pimiento, las rodajas de rabanitos y de pepino con el aliño y distribuya la ensalada en y platos, que adornará finalmente con los trozos de huevo duro y las flores de capuchina.

Las flores anaranjadas o rojas de la capuchina se utilizan como verdura. Lo que casi nadie sabe es que además de sus hojas, ¡también se pueden comer sus flores!

Ensalada de calabacín
y melón con radiccio

¿Por qué no mezclar frutas con hortalizas, ensalada y queso?
Este refinado plato alegrará el bufé veraniego: garantizado.

Ingredientes

1 **calabacín**

1 **melón Galia**

mozzarella (125 g)

3 cucharadas de **zumo de limón**

1 pizca de **azúcar**

sal

pimienta recién molida

4 cucharadas de **aceite de oliva**

1 cucharadita de granos de **pimienta verde**

1 **radiccio** pequeño

Preparación
PARA 4 PERSONAS

1 Prepare el calabacín, lávelo y córtelo a rodajas. Corte el melón por la mitad y quítele las pepitas. Corte la pulpa en dados de 1 cm de grosor. Corte la mozzarella en dados.

2 Para el aliño, mezcle el zumo de limón con el azúcar, la sal y la pimienta, sin dejar de remover con una batidora de varillas mientras vierte el aceite de oliva. Añada después los granos de pimienta.

3 Mezcle los dados de mozzarella, los de melón y las rodajas de calabacín con el aliño y déjelo reposar 1 hora, aproximadamente.

4 Arranque las hojas de radiccio de su tronco y lávelas rápidamente con abundante agua fría. Centrifúguelas y luego córtelas en trozos que resulten cómodos para comer.

5 Agregue las hojas de radiccio a la ensalada y mézclelo todo bien.

El color entra en juego: puede sustituir el color pálido del melón Galia por el más anaranjado del cantalupo.

Ensalada de hierbas silvestres y huevo duro

Preparación

PARA 4 PERSONAS

1 Lave las hierbas rápidamente con abundante agua y centrifúguelas. Pele los huevos y córtelos a rodajas.

2 Distribuya las hierbas y los huevos en una ensaladera de forma decorativa.

3 Para la vinagreta, mezcle la mostaza con la sal, la pimienta, el zumo de manzana, el vinagre balsámico y el zumo de limón con una batidora de varillas mientras vierte el aceite. Sirva la ensalada aliñada con la vinagreta.

Ingredientes

200 g de **hierbas** para ensalada variadas (**acederas, berros, diente de león, margarita**)

2 **huevos duros**

1 cucharadita de **mostaza**

sal y **pimienta** recién molida

1 cucharadita de **zumo de manzana**

1 cucharada de **vinagre balsámico**

1 cucharada de **zumo de limón**

5 cucharadas de **aceite de girasol**

Ingredientes

2 manojos de **roqueta** (rúcula)

1 **radiccio** pequeño

2 **escalonias**

1 **diente de ajo**

1 cucharada de **vinagre balsámico**

1 o 2 cucharadas de **vinagre de vino tinto**

sal

pimienta recién molida

4 cucharadas de **aceite de oliva**

1 cuchara de **aceite de nueces**

100 g de virutas de **queso parmesano**

Ensalada de roqueta con queso parmesano

Preparación

PARA 4 PERSONAS

1 Lave la roqueta, separe las hojas del radiccio del tronco y lávelas rápidamente con agua fría. Centrifugue las hojas y córtelas en trozos pequeños y proporcionados.

2 Pele las escalonias y píquelas. Frote el fondo de la ensaladera con el diente de ajo cortado por la mitad. Agregue las escalonias a la ensaladera.

3 Para el aliño, mezcle el vinagre balsámico con el vinagre de vino tinto, la sal y la pimienta. Mezcle con una batidora de varillas ambos aceites y viértalos sobre el vinagre sin dejar de remover. Rectifique la condimentación.

4 Mezcle las hojas de roqueta y radiccio con el aliño y esparza las virutas de queso por encima.

Ensalada de escarola
con naranja y rabanitos

Una ensalada muy colorida. El color rojo de los rabanitos armoniza perfectamente con el de las naranjas y con el verde de la lechuga.

Ingredientes

1 escarola de **batavia**

4 **naranjas**

1 **cebolla roja**

½ manojo de **rabanitos**

2 cucharadas de **vinagre de vino blanco**

½ cucharadita de **mostaza**

sal

pimienta recién molida

3 cucharadas de **aceite de oliva**

Preparación

PARA 4 PERSONAS

1 Separe las hojas de la escarola del tronco y lávelas rápidamente con abundante agua. Centrifúguelas y reserve unas hojas pequeñas para decorar la ensaladera. Corte el resto en trocitos de tamaño proporcionado.

2 Pele y retire la membrana blanca de las naranjas con un cuchillo afilado. Separe los gajos cortándolos a través de la piel. Recoja el zumo que dejen y aprovéchelo para el aliño.

3 Pele la cebolla y córtela en rodajas finas. Prepare y lave los rabanitos y córtelos en rodajas finas.

4 Para el aliño, mezcle mientras remueve el vinagre de vino blanco con la mostaza, la sal, la pimienta y casi 3 cucharadas soperas de zumo de naranja. Siga removiendo con la batidora de varillas mientras incorpora el aceite. Mezcle las hojas de escarola, la cebolla y los rabanitos con el aliño.

5 Coloque las hojas de la escarola reservadas en el borde de la ensaladera. Ponga la ensalada aliñada en el centro y esparza por encima los gajos de naranja.

Hace pocos años, la escarola de batavia era difícil de conseguir. Ahora cada vez se encuentra en más mercados. Se conserva apetitosa aunque haya estado unos días en la nevera.

Ensalada Waldorf con nueces

Se trata de una ensalada centenaria: la ensalada Waldorf original se prepara con manzana y apio.

Ingredientes

2 **manzanas** ácidas

250 g de **apio nabo**

zumo de 1 **limón**

100 g de **crema de leche**

3 cucharadas de **mayonesa**

sal

pimienta recién molida

azúcar

125 g de **nueces**

unas **hojas de lechuga**

Preparación

PARA 4 PERSONAS

1 Pele las manzanas, cuartéelas y descorazónelas. Pele el apio nabo y córtelo en finas tiras. Rocíelo enseguida, al igual que las manzanas, con unas gotas de zumo de limón para que no se oxiden.

2 Bata la crema de leche y añádale la mayonesa para conseguir un aliño suave y cremoso. Aderécelo con la sal, la pimienta y el azúcar.

3 Reserve unas nueces partidas por la mitad para decorar la ensalada. Pique el resto y añádalas al aliño con las manzanas y el apio.

4 Lave rápidamente las hojas de lechuga con abundante agua fría. Centrifúguelas, córtelas y distribúyalas en 4 platos.

5 Aliñe la ensalada Waldorf en los platos y decórela con las nueces separadas y con pieles de naranja a tiras.

La ensalada más clásica e internacional debe su nombre al hotel Waldorf Astoria de Nueva York, pues fue creada por su jefe de cocina a finales del siglo XIX.

Ensaladas de verduras y de guarnición

Ensalada de lentejas y hortalizas

Cuanto más pequeños sean los trozos de hortalizas, más intenso será el sabor: lentejas hervidas y hortalizas frescas, una combinación saludable y muy apetitosa.

Ingredientes

250 g de **lentejas**

5 **tomates**

5 **rabanitos**

2 **zanahorias**

2 **cebollas tiernas**

1 **cebolla roja**

2 ramitas de **perejil**

2 cucharadas de **aceite**

2 cucharadas de **vinagre de manzana**

sal y **pimienta** recién molida

Preparación

PARA 4 PERSONAS

1 Lave las lentejas y déjelas en remojo en agua fría toda una noche. Cuézalas al día siguiente en una cazuela cubiertas con agua durante, aproximadamente, 1 hora. Luego déjelas escurrir.

2 Lave los tomates, córtelos por la mitad, descorazónelos, córtelos a dados y quíteles el peciolo. Lave los rabanitos y córtelos a tiras finas. Limpie las zanahorias, pélelas y córtelas a daditos.

3 Lave y prepare las cebollas tiernas y córtelas a rodajas. Pele la cebolla roja y córtela también a dados pequeños. Lave el perejil y centrifúguelo. Separe las hojas del tallo y píquelas finamente.

4 Mezcle bien las lentejas con las hortalizas preparadas y añádales el perejil. Prepare el aliño batiendo el aceite con el vinagre, la sal y la pimienta. Viértalo sobre la ensalada y mézclelo bien. Sirva la ensalada decorada con hojas de lechuga o verdolaga.

Las legumbres secas como las lentejas contienen gran cantidad de albúmina y fibra. Deben salarse al finalizar la cocción para que queden más tiernas.

Ensalada de pasta
con setas y pesto

Esta ensalada aúna todos los buenos ingredientes que ofrece la cocina italiana: pasta, setas, albahaca y queso parmesano.

Ingredientes

250 g de **orecchiette** u otra pasta de tamaño medio

sal

250 g de **setas** pequeñas

1 **cebolla**

8 cucharadas de **aceite de oliva**

2 **tomates** carnosos

150 g de **mozzarella**

50 g de **piñones**

1 manojo grande de **albahaca**

2 o 3 **dientes de ajo**

1 cucharada de **sal**

1 trozo de 50 g de **queso parmesano**

1 cucharada de **vinagre balsámico**

1 o 2 cucharadas de **vinagre de vino blanco**

pimienta recién molida

Preparación

PARA 4 PERSONAS

1 Hierva la pasta, siguiendo las instrucciones del paquete, en una olla con abundante agua salada hasta que esté al dente. Escúrrala, pero guarde un poco del agua de cocción. Pásela bajo el chorro del agua fría y déjela enfriar.

2 Limpie las setas y lávelas sólo en caso de necesidad. Pele la cebolla y píquela finamente.

3 Caliente 2 cucharadas de aceite de oliva en una sartén y dore las setas a fuego vivo. Añada la cebolla y rehogue el conjunto. Saque la sartén del fuego y reserve su contenido.

4 Escalde los tomates, pélelos, córtelos por la mitad y luego a dados. Corte también la mozzarella a dados.

5 Para el pesto, maje en un mortero los piñones, las hojas de albahaca y los dientes de ajo previamente picados. Sale al gusto.

6 Ralle el queso parmesano y agréguelo al mortero mientras vierte el aceite de oliva poco a poco hasta obtener una salsa suave. Por último, añada el vinagre balsámico y el vinagre de vino blanco y mezcle el pesto con la pasta, las setas, los tomates y la mozzarella.

7 Añada un poco del agua de cocción de la pasta para aligerar el aliño, sazone con pimienta y deje reposar la ensalada unos 15 minutos, antes de servirla.

Ensalada de fusilli con garbanzos

Preparación

PARA 4 PERSONAS

1 Remoje los garbanzos en agua fría durante la noche. A la mañana siguiente, hiérvalos en una olla con abundante agua y a fuego lento unas 2 horas; sálelos al finalizar la cocción y déjelos escurrir.

2 Corte el pimiento y el chile por la mitad y a lo largo, quíteles las semillas y lávelos. Corte el pimiento a dados de 1 cm, más o menos, y pique el chile. Pele la cebolla y píquela finamente. Lave la salvia, corte las hojas a tiras y séquelas.

3 Sofría la cebolla en la manteca hasta que esté transparente. Sofría también el pimiento y el chile y añada después la sal, la pimienta y el vino blanco. Prosiga la cocción con el recipiente destapado hasta que el líquido se haya evaporado. Mezcle los garbanzos con la salvia. Prepare el aliño mezclando el vinagre, la sal, la pimienta, el aceite de oliva y un poco del agua en la que se ha hervido la pasta. Mezcle todos los ingredientes y esparza el perejil por encima.

Ingredientes

80 g de **garbanzos** · **sal**

300 g de **fusilli**

2 **pimientos rojos**

1 **chile verde**

1 **cebolla**

½ manojo de **salvia**

1 cucharada de **mantequilla** derretida

pimienta recién molida

⅛ l de **vino blanco seco**

2 cucharadas de **vinagre de vino tinto**

4 cucharadas de **aceite de oliva**

1 cucharada de **perejil** finamente picado

Ingredientes

150 g de **arroz largo** · **sal**

2 **cebollas** tiernas

200 g de **calabaza**

2 cucharadas de **aceite de oliva**

150 g de **habas** desgranadas

⅛ l de **caldo de verduras** y otro de **vino blanco**

1 pizca de **comino** molido

3 cucharadas de **zumo de limón**

pimienta recién molida

2 cucharadas de **avellanas** tostadas y peladas

1 cucharada de **perejil** picado

1 **pepino** pequeño

Ensalada de arroz
con habas verdes y calabaza

Preparación
PARA 4 PERSONAS

1 Cueza el arroz en un cazo con el doble de su volumen de agua, sale y tape el recipiente. Deje cocer el arroz a fuego lento unos 15 minutos. Lave las cebollas tiernas y córtelas a rodajas. Corte la calabaza a dados.

2 Caliente el aceite de oliva y sofría los dados de calabaza, las cebollas tiernas y las habas. Mójelo con el caldo de verduras y el vino, espolvoréelo con el comino y déjelo cocer a fuego lento unos 15 minutos, hasta que se evapore el líquido. Deje enfriar un poco la preparación y sazónela con el zumo de limón, la sal y la pimienta. Añada el arroz, las avellanas troceadas y remuévalo todo. Deje reposar la ensalada unos 30 minutos.

3 Lave el pepino, córtelo en rodajas finas y decore con él la ensalada de arroz.

Ensalada de patatas con guisantes y judías

Una ensalada fácil y muy adecuada para numerosas ocasiones, ya se trate de bufés fríos o cenas ligeras.

Ingredientes

500 g de **patatas** para hervir

2 **zanahorias**

100 g de **judías verdes**

1 **puerro** · **sal**

100 g de **guisantes** desgranados

$\frac{1}{8}$ l de **caldo de carne**

3 o 4 cucharadas de **vinagre de vino blanco**

1 manojo de **cebollinos**

3 cucharadas de **mayonesa**

1 cucharada de **yogur**

1 cucharada **raiforte**

pimienta recién molida

Preparación

PARA 4 PERSONAS

1 Lave las patatas y hiérvalas con la piel unos 20 minutos. Lave las zanahorias, las judías y el puerro; pele las zanahorias y córtelas a dados. Corte las judías en trozos de unos 3 cm y el puerro a rodajas.

2 Hierva abundante agua y cueza las hortalizas de 4 a 5 minutos, o hasta que estén al dente. Agregue los guisantes al cabo de 2 minutos. Escurra las hortalizas y refrésquelas de inmediato bajo un chorro del agua fría.

3 Pele las patatas, córtelas a trozos irregulares y añada sal y pimienta; por último, rocíelas con el vinagre. Déjelas reposar 10 minutos, añada las hortalizas y mézclelo bien. Entre tanto lave los cebollinos, séquelos y córtelos finamente con unas tijeras.

4 Mezcle la mayonesa, el yogur y el raiforte y aliñe con ello la ensalada. Déjela reposar. Antes de servirla, rectifique la condimentación con pimienta si fuese necesario y esparza por encima los cebollinos.

Para conseguir un completo plato puede añadir jamón, pollo o hasta cangrejo. También puede servir esta ensalada aderezada con mayonesa o una vinagreta.

Ensalada de espárragos con champiñones

Esta ensalada estacional se espera cada año con añoranza; en ella, los espárragos frescos se mezclan con champiñones y aliño de finas especias.

Ingredientes

500 g de **espárragos** blancos

sal · 1 cucharada de **mantequilla**

½ cucharadita de **azúcar**

200 g de **champiñones**

zumo de 1 **limón**

3 cucharadas de **vinagre de frambuesa**

¼ de cucharadita de **cilantro** picado

pimienta recién molida

6 cucharadas de **aceite de nueces**

1 cajita de **lepidio**

Preparación

PARA 4 PERSONAS

1 Pele los espárragos y corte el tronco leñoso. Cuézalos en abundante agua salada con la mantequilla y el azúcar unos 20 minutos. Escúrralos y déjelos enfriar.

2 Limpie los champiñones frotándolos con papel de cocina y córtelos a rodajas. Mézclelos en una ensaladera con el zumo de 1 limón. Corte los espárragos escurridos y fríos en trozos de unos 4 cm.

3 Prepare la vinagreta mezclando el cilantro con el vinagre de frambuesa y la pimienta. Utilice para ello una batidora de varillas mientras vierte el aceite poco a poco.

4 Seque los champiñones y mézclelos con los espárragos y la vinagreta. Lave el lepidio. Ponga la ensalada en una fuente y esparza el lepidio por encima.

Lo mejor es no lavar los champiñones, ya que absorben agua. Retire los restos de arena o tierra con un pincel o frótelos con papel de cocina.

Ensalada de calabacines a la menta

Preparación

PARA 4 PERSONAS

1 Lave los calabacines y córtelos a rodajas de 1 cm de grosor, aproximadamente. Sálelos y déjelos reposar un cuarto de hora. Séquelos con papel de cocina.

2 Ponga a hervir agua y vinagre en la misma proporción y blanquee los calabacines unos 3 minutos. Déjelos escurrir. Lave el perejil y la menta y séquelos bien. Arranque las hojas de los tallos y córtelas a tiras.

3 Para el aliño, mezcle el zumo de limón, el ajo picado, el perejil finamente picado, la menta y el aceite.

4 Mezcle las rodajas de calabacín con el aliño, sazone con la pimienta y déjelo reposar como mínimo 2 horas. Esta ensalada puede acompañarse con una rebanada de pan blanco dorada en aceite de oliva o decorarse con ramilletes de menta.

Ingredientes

400 g de **calabacines** pequeños

sal

1 taza de **vinagre de vino suave**

½ manojo de **perejil**

2 ramitas de **menta**

3 cucharadas de **zumo de limón**

1 o 2 **dientes de ajo**

6 cucharadas de **aceite de oliva**

pimienta molida

Ingredientes

8 **alcachofas** pequeñas y muy tiernas

(en su defecto enlatadas)

zumo de 1 **limón**

sal

5 cucharadas de **aceite de oliva**

4 ramitas de **perejil**

pimienta recién molida

Ensalada de alcachofas con perejil

Preparación

PARA 4 PERSONAS

1 Recorte el extremo superior de las alcachofas y quite las hojas duras externas que las envuelven. Blanquee los corazones de 10 a 15 minutos en abundante agua con 2 cucharadas de zumo de limón. Escúrralos, páselos por el chorro del agua fría, escúrralos de nuevo y cuartéelos.

2 Para el aliño, mezcle el resto del zumo del limón con un poco de sal e incorpore el aceite de oliva, poco a poco, sin dejar de remover con una batidora de varillas.

3 Lave el perejil y séquelo. Arranque las hojas del tallo y píquelas.

4 Ponga las alcachofas en una fuente. Rectifique el aliño con pimienta y rocíe con él las alcachofas. Esparza el perejil por encima y déjelas reposar unos 30 minutos, antes de servirlas.

Ensalada de espagueti
con espinacas y patatas

Una ensalada que hace recordar las vacaciones.

Resulta ideal para los amantes de la pasta.

Ingredientes

350 g de **espagueti**

sal · 2 **pimientos** rojos

4 **patatas** medianas

9 cucharadas de **aceite de oliva**

400 g de **espinacas** jóvenes

80 g de **aceitunas** negras

2 cucharadas de **vinagre balsámico**

1 cucharadita de **mostaza** suave

2 **dientes de ajo**

pimienta recién molida

Preparación
PARA 4 PERSONAS

1 Hierva los espaguetis en abundante agua salada, siguiendo las instrucciones del envoltorio, hasta que estén al dente. Escúrralos en un colador, páselos bajo un chorro de agua fría y déjelos escurrir.

2 Corte los pimientos por la mitad a lo largo, quíteles las semillas, lávelos y córtelos a trozos irregulares. Pele las patatas, lávelas y córtelas a dados pequeños.

3 Caliente en una sartén 3 cucharadas de aceite de oliva y dore los dados de patatas. Añada el pimiento y mézclelo todo.

4 Prepare las espinacas, lávelas y blanquéelas en agua salada hirviendo. Escúrralas, páselas bajo un chorro de agua fría y deje que se escurran. Deshuese las aceitunas y córtelas por la mitad. Mezcle todos los ingredientes en una ensaladera grande.

5 Para el aliño, mezcle el vinagre balsámico con sal y mostaza, añada el ajo pelado y picado y mezcle con la batidora de varillas mientras incorpora el aceite poco a poco. Añada sal y pimienta al aliño y viértalo sobre la ensalada.

Esta ensalada queda más dulce y colorida si sustituye las patatas por boniatos; puede encontrarlos en una tienda de comestibles bien surtida.

Ensalada de bulgur con pimiento y tomate

Picante y muy refrescante. La menta fresca y el zumo de limón convierten esta ensalada en el plato ideal para el verano.

Ingredientes

300 g de **bulgur** · **sal**

200 g de **tomate**

1 manojo de **cebollas tiernas**

1 pimiento rojo y 1 verde

1 manojo de **perejil**

1 manojo de **menta**

2 **limones**

pimienta recién molida

1 pizca de **anís estrellado**

4 cucharadas de **aceite de oliva**

Preparación

PARA 4 PERSONAS

1 Hierva el bulgur en 1 l de agua salada durante 30 minutos.

2 Practique una incisión sobre la piel de los tomates en forma de cruz, escáldelos y pélelos. Pártalos, quíteles las semillas y corte la pulpa en dados pequeños.

3 Prepare las cebollas, lávelas y córtelas a rodajas muy finas. Corte los pimientos por la mitad a lo largo y quite las semillas, lávelos y córtelos a dados pequeños.

4 Lave la menta y el perejil y séquelos. Arranque las hojas de los tallos y separe algunas hojas de perejil para la decoración; trocee el resto. Mezcle el bulgur con las hortalizas en una ensaladera.

5 Exprima los limones. Para el aliño, mezcle el zumo de los limones con la sal y la pimienta, el anís estrellado y el aceite de oliva. Viértalo sobre la ensalada y mézclelo todo bien. Deje reposar la ensalada 15 minutos antes de servirla.

El bulgur es muy apreciado en los países de Oriente Próximo por su sémola. Se encuentra en supermercados y tiendas de productos dietéticos. Puede sustituir el pimiento por pepino o por apio.

Ensalada de romanesco con huevo y queso

Preparación

PARA 4 PERSONAS

1 Limpie el romanesco y descuaje unas cuantas rosillas pequeñas. Pele el tronco y córtelo en rodajas de más o menos 1 cm de grosor.

2 Tras hervir el tronco durante 3 minutos en agua salada, añada las rosillas y déjelo hervir unos 5 minutos más. Pase esta verdura por un chorro de agua muy fría.

3 Parta el pimiento a lo largo, quítele las pepitas y lávelo. Limpie el chile, pele la cebolla y córtelos a dados pequeños.

4 Mezcle los dados de pimiento, cebolla y chile con el romanesco. Pele los huevos y córtelos en 4 trozos, corte también el queso a tiras y póngalo en la ensalada.

5 Para el aliño, pele las patatas y rállelas muy finas. Pique muy fino el diente de ajo ya pelado y mézclelo con la patata, luego añada la sal, la pimienta, los rábanos picantes y el vinagre y remuévalo todo mientras añade el yogur, la nata y el aceite de oliva. Mezcle el aliño con la ensalada y déjela reposar unos 15 minutos antes de servirla.

Ingredientes

1 kg de **romanesco** o brécoles

sal · 2 **pimientos** rojos

1 **chile** rojo · 1 **cebolla**

2 **huevos duros**

200 gramos de **queso emmental** o **gruyère**

unos 100 g de **patata** hervida

1 diente de **ajo**

pimienta recién molida

1 cucharadita de **raiforte** recién rallado

2 o 3 cucharadas de **vinagre de vino blanco**

2 cucharadas de **yogur**

4 cucharadas de **crema de leche**

3 cucharadas de **aceite de oliva**

Ingredientes

1 **coliflor** mediana

200 g de **judías** de Kenia o judías verdes

1 **zanahoria** · **sal**

1 **chalote** · 1 diente de **ajo** · 1 **chile** rojo

1 cucharadita de **té** con **crema de cacahuete**

3 cucharadas soperas de **leche de coco**

100 g de **nata** líquida

1 cucharada sopera de polvo de **curry**

pimienta molida

1 cucharada sopera de **vinagre de jerez**

el **zumo de un limón**

1 cucharadita de **aceite de sésamo**

2 cucharadas soperas de **aceite**

2 cucharadas soperas de **semillas de sésamo**

1 cucharadita de té con **hojas de menta**

Ensalada de coliflor
al estilo indio

Preparación
PARA 4 PERSONAS

1 Limpie la coliflor, lávela con agua y arranque las rosillas. Corte los vértices de las judías. Pele la zanahoria a lo largo y córtela a rodajas para luego hacer tiras.

2 Caliente agua con un poco de sal y cueza las judías unos cuatro minutos hasta que queden al dente, páselas por un chorro de agua muy fría. Cueza la coliflor unos 8 minutos, y blanquee las tiras de zanahoria. Mezcle la verdura una vez esté ya seca.

3 Pele el diente de ajo y el chalote, limpie el chile y córtelo todo a tacos pequeños. Mezcle y remueva la crema de cacahuete, la leche de coco y la nata líquida; mientras remueve, vaya añadiendo poco a poco el curry, la sal, la pimienta, el vinagre, el zumo de limón y el aceite.

4 Mezcle la verdura ya preparada con el aliño y remuévalo. Sírvala aderezada con las semillas de sésamo tostadas y las hojas de menta finamente cortadas.

Ensalada de pasta asiática
con zanahorias y calabacín

Simplemente grandiosa: los ingredientes y especias del Lejano Oriente se combinan con las hortalizas autóctonas.

Ingredientes

250 g de **pasta de trigo** japonesa

sal · 3 cucharadas de **vinagre de vino blanco**

3 cucharadas de **aceite de cacahuete**

2 **zanahorias** medianas

½ **calabacín**

2 **cebollas** tiernas

1 cucharada de **mantequilla de cacahuete**

3 cucharadas de **vinagre de jerez**

1 cucharada de **salsa de soja**

pimienta recién molida

curry en polvo

pimienta de Cayena

2 cucharadas de **cacahuetes** sin sal

1 cucharadita de **hojas de cilantro**

Preparación

PARA 4 PERSONAS

1. Hierva la pasta con abundante agua salada y el vinagre siguiendo las instrucciones del envoltorio hasta que esté al dente. Viértala en un colador, pásela bajo un chorro de agua fría y déjela escurrir. Mezcle la pasta en una fuente con una cucharada sopera de aceite de cacahuete.

2. Pele las zanahorias y córtelas en tiras finas. Prepare y lave el calabacín y córtelo también en finas tiras. Prepare y lave las cebollas tiernas y córtelas en rodajas.

3. Blanquee las hortalizas en agua salada durante unos 4 minutos, páselas bajo un chorro de agua fría y déjelas escurrir.

4. Para el aliño, mezcle el vinagre de jerez con la mantequilla de cacahuete, la salsa de soja y el resto de aceite de cacahuete. Sazone con la sal, la pimienta, el curry y la pimienta de Cayena.

5. Trocee los cacahuetes y dórelos en una sartén sin grasa.

6. Mezcle las hortalizas con la pasta y el aliño y adórnelo todo con los cacahuetes y las hojas de cilantro.

La pasta de trigo japonesa se encuentra en tiendas especializadas en productos orientales. Su forma es parecida a la de los espaguetis y linguine, y su color semejante al del té verde o las espinacas.

Ensalada de judías con perifollo

Es una ensalada rústica con un toque de distinción. El ligero gusto anisado del perifollo realza las robustas judías blancas.

Ingredientes

1 **puerro** · **sal**

600 g de **judías pochas** (enlatadas)

1 cucharadita de **comino**

2 cucharadas de **vinagre de vino blanco**

4 cucharadas de **aceite de oliva**

2 **dientes de ajo**

pimienta recién molida

2 ramitas de **perifollo**

Preparación

PARA 4 PERSONAS

1 Prepare el puerro, lávelo y córtelo a rodajas. Escurra las judías, páselas bajo un chorro de agua fría y déjelas escurrir. Mézclelas con el puerro y el comino.

2 Mezcle el vinagre de vino blanco con el aceite de oliva, la sal y la pimienta. Pele el diente de ajo, píquelo finamente y mézclelo con el aliño.

3 Lave el perifollo y séquelo. Arranque las hojas del tallo y mézclelas con el aliño.

4 Sazone el puerro y las judías pochas con el aliño y deje reposar la ensalada tapada durante 1 hora.

El perifollo tiene un aroma muy suave con un ligero sabor a anís e hinojo. Es muy sensible al calor, por lo que debe añadirse a los platos calientes justo antes de servirlos.

Ensaladas de carne y pescado

Ensalada de lechuga
con pechuga de pollo asada

Encontrará muchas variantes de esta ensalada en los menús de los restaurantes. La lechuga fresca y la pechuga de pollo forman una pareja ideal.

Ingredientes

2 pimientos rojos

1 escalonia

1/8 l de **vino blanco**

4 filetes de pechuga de **pollo**

(unos 140 g)

sal

pimienta recién molida

1 cucharada de **aceite**

200 g de **ensaladas** variadas

(roqueta, escarola, lollo rosso)

1 dl de **crema de leche**

2 cucharadas de **mantequilla** congelada

1 cucharada de **vinagre de vino blanco**

3 cucharadas de **aceite de oliva**

Preparación

PARA 4 PERSONAS

1. Corte los pimientos por la mitad a lo largo, quíteles las semillas y píquelos finamente. Pele la escalonia y píquela finamente. Ponga a cocer en un cazo tapado el pimiento y la escalonia con el vino durante 15 minutos a fuego lento.

2. Precaliente el grill del horno. Lave los filetes de pechuga de pollo y séquelos bien. Condiméntelos con sal y pimienta. Cuézalos en el grill a temperatura máxima 10 minutos. Pincélelos de vez en cuando con el aceite.

3. Prepare y lave el surtido de hojas, centrifúguelas y, si fuese necesario, córtelas en trozos de tamaño regular.

4. Reduzca a puré la escalonia y el pimiento en la batidora eléctrica. Añada la crema de leche y la mantequilla congelada troceada. Bata de nuevo y sazone con sal y pimienta.

5. Para la vinagreta, mezcle el vinagre de vino blanco con sal y pimienta, y vierta el aceite poco a poco sin dejar de remover. Rocíe la ensalada con la vinagreta, coloque encima los filetes de pollo y rocíelos con la salsa de pimiento.

También puede pelar el pimiento antes de hervirlo. Para ello debe partirlo por la mitad, quitarle las semillas y asarlo en el horno hasta que su piel se ampolle y oscurezca.

Ensalada tailandesa de carne

Llega el exotismo: especias y salsas asiáticas confieren a esta refinada ensalada un toque de buen gusto.

Ingredientes

700 g de **rosbif**

1 cucharada de **mantequilla** derretida

unos 300 g de **ensaladas** variadas **(espinacas, roqueta, brotes de soja, pimiento, albahaca tailandesa)**

2 **chiles** rojos · 1 **diente de ajo**

6 cucharadas de **zumo de limón**

6 cucharadas de **aceite de oliva**

1 cucharadita de **aceite de sésamo**

1 cucharadita de **salsa de soja**

1 cucharadita de **salsa de pescado**

1 cucharadita de **azúcar**

1 cucharadita de **jengibre** molido

sal · **pimienta** recién molida

100 g de **anacardos**

Preparación

PARA 4 PERSONAS

1 Si es necesario, quite la piel y los nervios del rosbif. Caliente la mantequilla derretida en una sartén y dore el rosbif unos 20 minutos; déle la vuelta de vez en cuando. Envuelva la carne en papel de aluminio y déjela reposar unos 5 minutos.

2 Prepare y lave los ingredientes de la ensalada. Escúrralos, séquelos y córtelos en trozos de tamaño regular.

3 Para el aliño, prepare el chile, quítele las semillas, lávelo y píquelo finamente. Pele el diente de ajo y píquelo finamente. Mezcle el chile con el ajo, el zumo de limón, el aceite de oliva y de sésamo, la salsa de soja y de pescado, el azúcar y el jengibre y sazone con sal y pimienta. Rocíe los ingredientes de la ensalada con la mitad de este aliño y mézclelo todo bien.

4 Corte el rosbif en lonchas muy finas en sentido contrario a las vetas de la carne. Ponga la ensalada sobre una fuente grande y coloque encima el rosbif. Rocíelo con el resto del aliño.

5 Dore los anacardos en una sartén sin grasa, trocéelos y espárzalos sobre la ensalada.

Las salsas de soja y pescado se pueden adquirir en tiendas de productos orientales o en supermercados bien surtidos. Como los chiles son muy picantes, lávese bien las manos tras cortarlos.

Ensalada de jamón
con espárragos y queso

Preparación
PARA 4 PERSONAS

1 Pele las zanahorias y los espárragos y lávelos. Hiérvalos en agua salada 10 minutos e incorpore los guisantes al cabo de 5 minutos. Escúrralos, páselos bajo el chorro del agua fría y déjelos escurrir.

2 Corte el jamón, el queso y las zanahorias a dados de 1 cm de grosor y los espárragos en trozos del mismo tamaño.

3 Lave las hojas, séquelas y píquelas finamente. Mezcle los espárragos, las zanahorias, los guisantes, el jamón, el queso y las hojas, y rocíelos con el vino blanco.

4 Mezcle con la batidora eléctrica la yema de huevo, la sal y la pimienta. Añada el zumo de limón e incorpore lentamente el aceite, sin dejar de batir hasta que obtenga una mayonesa cremosa. Sazónela con el curry en polvo.

5 Mezcle la ensalada con la mayonesa, déjela reposar unos minutos y rectifique la condimentación antes de servirla.

Ingredientes

2 **zanahorias** · 200 g de **espárragos** blancos

100 g de **guisantes** congelados

sal · 300 g de **jamón dulce**

100 g de **queso emmental**

1 manojo de **finas hierbas** (por ejemplo, perejil y perifollo)

4 cucharadas de **vino blanco seco**

2 **yemas de huevo** · 1 cucharadita de **mostaza**

pimienta recién molida

2 cucharadas de **zumo de limón** · ¼ l de **aceite**

½ cucharadita de **curry** en polvo

Ingredientes

4 rebanadas gruesas de **pan**

2 cucharadas de **mantequilla**

300 g de **tomates cereza**

1 **cebolla** roja

200 g de **jamón dulce**

150 g de **queso de cabra** · 1 manojo de **roqueta**

1 cucharada de **vinagre de vino blanco**

1 cucharada de **vinagre balsámico**

sal · **pimienta** recién molida

1 cucharadita de **jarabe de arce** o **miel**

5 cucharadas de **aceite de oliva**

2 cucharadas de **cebollinos**

Ensalada de queso y pan con tomates cereza

Preparación

PARA 4 PERSONAS

1 Quite la corteza a las rebanadas de pan y córtelas a dados. Dórelos en una sartén con la mantequilla caliente. Séquelos con papel de cocina.

2 Lave los tomates, retire el peciolo y cuartéelos. Pele la cebolla, córtela por la mitad y luego a rodajas finas. Lave la roqueta y séquela.

3 Para el aliño, mezcle el vinagre de vino blanco y el balsámico con la sal, la pimienta y el jarabe de arce. Incorpore el aceite de oliva poco a poco sin dejar de remover.

4 Ponga en una ensaladera grande los trozos de pan, los tomates, los aros de cebolla, el jamón, el queso de cabra y la roqueta y mézclelos con el aliño. Espolvoree la ensalada con los cebollinos.

Ensalada de pollo
con aguacate y tomates

Este plato se come literalmente con los ojos: aceitunas negras, tomates rojos y aguacate verde no crean sólo efectos coloristas, sino también algo de insuperable exquisitez.

Ingredientes

4 **tomates**

2 **aguacates**

zumo de ½ limón

2 **cebollas** rojas

100 g de **aceitunas negras**

(deshuesadas)

1 manojo de **albahaca**

4 filetes de pechuga de **pollo** (150 g)

sal · **pimienta** recién molida

1 cucharada de **mantequilla** derretida

2 cucharadas de **vinagre balsámico**

5 cucharadas de **aceite de oliva**

Preparación

PARA 4 PERSONAS

1 Lave los tomates, cuartéelos y retire el pedúnculo. Corte los aguacates por la mitad a lo largo, deshuéselos y pélelos. Corte la pulpa a lonchas longitudinales y rocíela de inmediato con el zumo de limón.

2 Pele las cebollas y córtelas a rodajas. Corte las aceitunas por la mitad. Lave la albahaca y séquela. Arranque las hojas del tallo y separe unas cuantas para decorar la ensalada; pique finamente el resto.

3 Precaliente el horno a 200 °C. Lave los filetes de pollo, séquelos y sazónelos con sal y pimienta. Caliente la mantequilla en una sartén, agregue los filetes de pollo y fríalos por ambos lados unos minutos. Hornéelos, a continuación, unos 8 minutos.

4 Mezcle el vinagre balsámico con sal y pimienta y vierta el aceite de oliva sin dejar de remover. Sazone los tomates, la cebolla, las aceitunas, los aguacates y la albahaca con el aliño y mézclelos bien.

5 Corte los filetes de pollo en rodajas transversales y agréguelos a la ensalada. Decórela con las hojas de albahaca previamente reservadas.

Los aguacates pertenecen a la familia de las drupas y tienen un gran valor alimenticio. Su pulpa debe rociarse de inmediato con zumo de limón para que no se oxide.

Ensalada mixta
con filetes de conejo

Esta ensalada satisfará a los gastrónomos de gusto más refinado.
En Francia no es nada raro que las ensaladas incluyan filetes de conejo.

Ingredientes

150 g de **judías verdes** (finas)

200 g de **ensaladas** variadas

(achicoria, escarola, hierba de los canónigos, radiccio)

100 g de **champiñones** · 1 **pera**

zumo de ½ limón

200 g de filete de **conejo** o liebre

pimienta recién molida

6 cucharadas de **aceite de girasol**

1 cucharadita de **mostaza especiada**

1 cucharadita de **vinagre balsámico**

2 cucharadas de **vinagre de vino tinto**

3 cucharadas de **vino tinto**

1 cucharada de **aceite de nueces**

2 cucharadas de **nueces troceadas**

Preparación

PARA 4 PERSONAS

1 Lave las judías y corte los extremos. Hiérvalas en una cacerola con agua salada de 4 a 5 minutos, o hasta que estén al dente. Páselas enseguida bajo un chorro de agua fría.

2 Lave y centrifugue las hojas de la ensalada, córtelas en un tamaño regular y póngalas en una ensaladera.

3 Limpie las setas y córtelas a rodajas finísimas. Pele la pera, córtela por la mitad a lo largo, descorazónela y córtela longitudinalmente a rodajas muy finas. Rocíe la pera y las setas con el zumo del limón.

4 Sazone con sal y pimienta los filetes de conejo. Caliente 2 cucharadas de aceite de oliva en una sartén y fríalos de 3 a 4 minutos por ambos lados. Envuélvalos en papel de aluminio. Raspe los fondos de cocción de la sartén con 1 cucharada de agua y guárdelos.

5 Mezcle los 2 tipos de vinagre, la sal, la pimienta y el vino tinto con el resto del aceite de girasol y de nueces para la vinagreta. Aliñe la ensalada con ⅔ de la vinagreta y distribúyala en 4 platos. Corte la carne a lonchas finísimas y repártala sobre la ensalada con las rodajas de pera, las judías, las setas y los filetes de conejo.

6 Vierta la vinagreta restante sobre los fondos de cocción reservados, mezcle y rocíe con ello la ensalada. Distribuya por encima unas nueces troceadas.

Ensalada verde
con pescado al curry

Preparación

PARA 2 PERSONAS

1 Prepare las espinacas y las hojas para la ensalada, lávelas y centrifúguelas. Lave y corte los rabanitos a rodajas.

2 Lave el filete de pescado y séquelo. Córtelo en trozos pequeños, sazónelos con sal y pimienta y rocíelos con unas gotas de zumo de limón.

3 Caliente la mantequilla en una sartén con la cúrcuma y el curry. Añada el pescado y fríalo de 4 a 5 minutos. Retírelo y resérvelo.

4 Corte el chorizo en rodajas muy finas, dórelo en el resto de la mantequilla y resérvelo.

5 Para el aliño, mezcle el vinagre con la sal y la pimienta. Incorpore el aceite sin dejar de remover con una batidora de varillas. Mezcle la lechuga, los rabanitos y las espinacas, alíñelos y adórnelos con las rodajas de chorizo y los filetes de bacalao.

Ingredientes

100 g de **lechuga romana**

100 g de **espinacas**

½ manojo de **rabanitos**

500 g de filetes de **bacalao**

sal · **pimienta** recién molida

1 cucharada de **zumo de limón**

2 cucharadas de **mantequilla** derretida

1 cucharadita de **cúrcuma**

1 cucharadita de **curry** en polvo

70 g de **chorizo**

1 cucharada de **vinagre de vino blanco**

4 cucharadas de **aceite de oliva**

Ingredientes

un pequeño surtido de **hojas** para ensalada

(lechuga, escarola, radiccio)

600 g de filetes de **bacalao** fresco

1 **mango** maduro · 1 **pimiento verde**

1 **chile rojo**

½ cucharadita de **jengibre** recién rallado

½ cucharadita de **curry** en polvo

sal · **pimienta** recién molida

el **zumo** y la **piel** de una **lima**

1 cucharadita de **vinagre balsámico**

4 cucharadas de **aceite de soja**

4 cucharadas de **crema de leche**

2 cucharadas de **coco rallado**

Ensalada exótica
de pescado con mango y jengibre

Preparación
PARA 4 PERSONAS

1 Lave las hojas para la ensalada y centrifúguelas. Tapice con unas hojas de lechuga una olla para cocer al vapor, ponga encima el pescado y déjelo cocer al vapor de 8 a 10 minutos.

2 Pele el mango, deshuéselo y córtelo a rodajas. Corte por la mitad a lo largo el pimiento y el chile, quíteles las semillas, lávelos y córtelos a tiras.

3 Prepare una vinagreta con el jengibre, el curry, la sal, la pimienta, el zumo de la lima y la piel rallada, el vinagre balsámico, el aceite de soja y la crema de leche.

4 Ponga el resto de las hojas de ensalada en una fuente honda. Corte el bacalao a trozos de un tamaño regular. Ponga el pescado, el mango y las tiras de pimiento y chile sobre la ensalada. Rocíela con la vinagreta y espolvoréela con el coco rallado.

Ensalada de hortalizas con salmón ahumado

Una ensalada refinada de hortalizas al dente coronadas con una salsa ligera y delicioso salmón.

Ingredientes

250 g de **espárragos verdes**

100 g de **tirabeques**

100 g de **judías verdes**

2 **calabacines** pequeños

100 g de **brécoles**

sal · 100 g de **mantequilla**

1 **escalonia**

6 cucharadas de **vino blanco seco**

2 cucharadas de **vinagre de estragón**

2 **yemas de huevo**

pimienta recién molida

pimienta de Cayena

2 cucharadas de **eneldo**

finamente picado

150 g de **salmón ahumado** en lonchas

zumo de limón al gusto

Preparación

PARA 4 PERSONAS

1 Prepare y lave las hortalizas. Pele sólo la parte leñosa de los espárragos y trocéelos. Corte los extremos de las judías y de los tirabeques. Corte los calabacines a rodajas y los brécoles a ramitos.

2 Cueza los espárragos en agua ligeramente salada con 1 cucharadita de mantequilla unos 15 minutos. Cueza las judías en agua también algo salada unos 10 minutos, y los brécoles, tirabeques y calabacines durante 5 minutos. Una vez cocidas, pase las hortalizas bajo un chorro de agua muy fría y déjelas escurrir.

3 Para la salsa, ponga el resto de la mantequilla en un cazo pequeño y caliéntela a fuego lento. Apártela del fuego y retire las impurezas.

4 Pele la escalonia y píquela finamente. Póngala en un cazo pequeño con el vinagre y el vino y déjelos reducir hasta un tercio de su volumen.

5 Ponga las yemas de huevo en un cazo pequeño y sazónelas con la sal, la pimienta y la pimienta de Cayena; coloque el cazo al baño María y remueva hasta obtener una crema. Pásela a través de un tamiz muy fino presionando sobre éste hasta que ya no caiga más salsa. Incorpórele gota a gota la mantequilla derretida sin dejar de remover y mezcle esta salsa con el eneldo.

6 Coloque las hortalizas y el salmón en una fuente y rocíelos con la salsa. Sazone, si fuese necesario, con sal y zumo de limón. Déjela reposar 15 minutos antes de servir.

Ensalada de pescado ahumado con lentejas

¿Puede haber algo más energético? El sabroso pescado ahumado combina a la perfección con las lentejas y el sutil perfume del raiforte.

Ingredientes

150 g de **lentejas**

1 **radiccio** pequeño

50 g de **hierba de los canónigos**

2 **escalonias**

1 **zanahoria** grande

½ manojo de **eneldo**

300 g de **pescados ahumados** variados sin piel ni espina (anguila, bacalao, caballa)

4 cucharadas de **vinagre de vino** blanco

½ cucharadita de **raiforte** rallado

sal · **pimienta** recién molida

5 cucharadas de **aceite de oliva**

Preparación

PARA 4 PERSONAS

1 Hierva las lentejas en agua de 20 a 30 minutos. Arranque las hojas al radiccio. Prepare la hierba de los canónigos, lávela y centrifúguela.

2 Pele la escalonia y raspe la zanahoria; píquelas finamente. Limpie el eneldo, séquelo y píquelo finamente. Escurra las lentejas y déjelas enfriar.

3 Ponga las hojas de ensalada en una fuente grande o en 4 platos. Corte el pescado ahumado a trozos pequeños y mézclelos con la zanahoria, la escalonia y la ensalada. Esparza el eneldo por encima.

4 Para la vinagreta, mezcle el vinagre, la pimienta y la sal hasta que ésta se disuelva. Vierta el aceite poco a poco, sin dejar de remover. Rocíe la ensalada con la vinagreta antes de servirla.

El sabor suave del pescado ahumado es un buen acompañante para las lentejas, que mientras se cocinan deben vigilarse ya que se deshacen con mucha rapidez.

Ensalada de hortalizas y langostinos

Preparación

PARA 2 PERSONAS

1 Pele las zanahorias, lave el calabacín y córtelo por la mitad a lo largo. Prepare y lave el apio y las cebollas tiernas. Córtelos en rodajas muy finas de 3 a 4 mm de grosor. Pele el diente de ajo y córtelo también en rodajas muy finas.

2 Caramelice el azúcar lustre calentándolo a fuego lento en una sartén. Añada el apio, el ajo, las zanahorias y el jengibre. Vierta 1 cucharada de aceite de oliva, sazone con sal y pimienta y prosiga la cocción hasta que las hortalizas empiecen a caramelizarse.

3 Añada las rodajas de calabacín y prosiga la cocción. Vierta el caldo vegetal y rehogue brevemente las cebollas tiernas. Retire el contenido de la sartén y rocíelo con el zumo de limón y 3 cucharadas de aceite de oliva.

4 Pele los langostinos, extraiga el conducto intestinal y sazone con sal y pimienta. Caliente el resto del aceite y dore los langostinos a fuego lento, dándoles la vuelta al cabo de 3 minutos. Mezcle la ensalada con los langostinos y esparza el perejil por encima.

Ingredientes

3 **zanahorias** · 1 **calabacín** pequeño

4 **cebollas** tiernas

2 **tallos de apio**

1 **diente de ajo**

1 cucharadita de **azúcar lustre**

2 rodajas de **jengibre**

5 cucharadas de **aceite de oliva**

sal · **pimienta** recién molida

5 cucharadas de **caldo de verduras**

zumo de ½ limón

12 **langostinos**

1 cucharadita de **perejil** finamente picado

Ingredientes

hojas de **ensalada** variadas (**lechuga**, **escarola**, **lollo rosso**)

1 puñado de **hojas de espinaca**

4 lonchas de **salmón** fresco (100 g cada una)

2 **escalonias**

8 **huevos duros**

1 cucharadita de **raiforte** recién rallado

sal · **pimienta** recién molida

2 o 3 cucharadas de **vinagre de vino blanco**

5 cucharadas de **aceite de oliva**

2 cucharadas de **eneldo** picado

Ensalada de salmón y espinacas

Preparación

PARA 4 PERSONAS

1 Lave a fondo las hojas de espinaca y las de ensalada y centrifúguelas por separado. Cueza las hojas de espinaca en un cazo con poca agua. Forre una cacerola para cocer al vapor con unas hojas de lechuga y coloque encima el salmón. Déjelo cocer al vapor de 3 a 5 minutos.

2 Distribuya el resto de hojas de ensalada y las espinacas escurridas en una fuente o en 4 platos.

3 Corte el salmón en trozos pequeños. Pele la escalonia y píquela finamente. Pele los huevos, córtelos por la mitad y distribúyalos junto con el salmón y la escalonia sobre la ensalada.

4 Para la vinagreta, mezcle el raiforte, la sal, la pimienta, el vinagre de vino blanco y el aceite de oliva. Rocíe con ella la ensalada con la vinagreta y esparza el eneldo encima.

Ensalada de pasta
y langostinos a las hierbas

¿Algo marino? Pruebe esta deliciosa combinación de langostinos y pasta aderezados con ajo, aceite y hierbas.

Ingredientes

300 g de **garganelli** (o macarrones)

sal

6 cucharadas de **aceite de oliva**

200 g de **langostinos** pelados listos para cocer

1 cucharada de **zumo de limón**

4 **dientes de ajo**

2 cucharadas de **albahaca** finamente cortada

1 cucharadita de **hojas de romero**

pimienta recién molida

Preparación

PARA 4 PERSONAS

1 Hierva la pasta siguiendo las instrucciones del envoltorio y con abundante agua salada hasta que esté al dente. Viértala en un colador, pásela bajo un chorro de agua fría y déjela escurrir.

2 Caliente en una sartén 2 cucharadas de aceite de oliva y dore los langostinos por ambos lados; sáquelos y rocíelos con unas gotas de zumo de limón.

3 Pele los dientes de ajo y píquelos finamente. Caliente el resto del aceite y dore los ajos, agregue el romero y la albahaca, retírelos del fuego y déjelos enfriar.

4 Mezcle los langostinos y la pasta; vierta por encima el aceite de hierbas y el ajo; mezcle y sazone con sal y pimienta.

5 Decore la ensalada con hojas de albahaca, romero y rodajas de limón.

Los ajos deben dorarse siempre a fuego vivo y removerse continuamente hasta que adquieran un color dorado. De no hacerse así, se corre el riesgo de que se quemen y pueden amargar.

Ensaladas para postre

Ensalada colorida
de frutas y nueces

Fresca, saludable y llena de sabor: esta combinación de frutas tiene casi todo lo que se puede pedir.

Ingredientes

2 **manzanas** ácidas

2 cucharadas de **zumo de limón**

1 **naranja**

2 **nectarinas**

125 g de **uvas**

1 **plátano**

2 cucharadas de **miel**

2 **kiwis**

150 g de **fresas**

150 g de **nueces**

1 cucharada de **azúcar lustre**

Preparación

PARA 4 PERSONAS

1 Lave las manzanas, pélelas y cuartéelas. Córtelas en trozos pequeños y rocíelas enseguida con unas gotas de zumo de limón.

2 Pele las naranjas de forma que no queden restos de membrana. Separe los gajos con un cuchillo, pélelos y recoja el zumo que desprendan. Exprima las pieles para extraer el zumo que aún contienen.

3 Lave las nectarinas, córtelas por la mitad y deshuéselas. Corte la pulpa a gajos.

4 Lave las uvas y córtelas por la mitad. Pele el plátano y redúzcalo a puré con la miel y el zumo restante de la naranja y el limón.

5 Mezcle los trozos de fruta y vierta por encima el puré de plátano. Pele los kiwis y córtelos a rodajas. Lave las fresas, retire el pedúnculo y córtelas por la mitad. Trocee las nueces y añádalas a la ensalada. Finalmente espolvoree el azúcar lustre por encima.

La piel de las naranjas sin tratar son ideales, pueden cortarse a tiras finas o rallarse para obtener unos elementos decorativos.

Ensalada de frutas
con sabayón de maracuyá

Preparación
PARA 4 PERSONAS

1 Corte las manzanas por la mitad, pélelas, descorazónelas y córtelas a rodajas. Pele las naranjas extrayendo la membrana blanca y trocee la pulpa. Conserve el zumo que se desprenda durante la operación.

2 Abra el melón por la mitad, retire las pepitas, extraiga la carne y redúzcala a puré. Pele los kiwis y córtelos a rodajas.

3 Lave la nectarina, córtela por la mitad, descorazónela y córtela a rodajas. Lave las fresas antes de partirlas por la mitad.

4 Rocíe las frutas con el puré de melón y los zumos de naranja y lima. Endúlcelo con azúcar y esparza por encima la piel de la lima rallada. Reserve en la nevera, antes de servir.

5 Para el sabayón, ponga la yema en un cazo metálico. Añádale el azúcar, el almíbar y el licor de maracuyá y mézclelo con una batidora de varillas hasta obtener una crema espumosa. Coloque el cazo al baño María y bata sin cesar hasta que la mezcla se vuelva espumosa. Vierta el sabayón sobre la ensalada y sírvala.

Ingredientes

2 **manzanas** ácidas

2 **naranjas**

½ **melón Galia**

2 **kiwis**

1 **nectarina**

200 g de **fresas**

zumo de ½ **naranja**

zumo y **piel** de 1 **lima**

azúcar · 2 **yemas de huevo**

2 cucharadas de **azúcar lustre**

100 ml de **almíbar de maracuyá**

2 cucharadas de **licor de maracuyá**

Ingredientes

2 **kiwis** · 1 **naranja**

100 g de **uvas verdes** y 100 g de **negras**

1 **pera**

1 **manzana** ácida

zumo de ½ limón

1 sobre de **azúcar vainillado**

500 g de **quark**

100 g de **semillas de amapola**

Ensalada de frutas con crema de quark y semillas de amapola

Preparación

PARA 4 PERSONAS

1 Pele los kiwis y córtelos a rodajas. Pele la naranja y retire los restos de membrana blanca, corte los gajos entre las pieles y conserve el zumo. Exprima las pieles para obtener más zumo.

2 Lave las uvas y córtelas por la mitad. Cuartee la pera y la manzana, pélelas y descorazónelas. Corte la pulpa a trozos pequeños.

3 Mezcle el zumo de limón con el azúcar vainillado y luego con las frutas.

4 Mezcle el quark, las semillas de amapola y el zumo de naranja, reparta la preparación en 4 platos y distribuya las frutas por encima. Sírvalo enseguida.

Ensalada de frutas
exótica con pepitas de girasol

Asia desempeña aquí un papel esencial: el té de jazmín, el sake y la miel confieren a esta ensalada un gran refinamiento oriental.

Ingredientes

2 cucharaditas de **té de jazmín**

3 cucharadas de **miel**

4 cucharadas de **sake**

1 **melón** mediano

4 **kiwis**

10 **lichis** frescos

2 cucharadas de **pepitas de girasol**

100 g de **crema de leche** batida

Preparación
PARA 4 PERSONAS

1 Ponga a hervir el té con 300 ml de agua, la miel y el sake. Déjelo hervir 2 minutos. Sáquelo del fuego, fíltrelo y déjelo enfriar.

2 Corte el melón por la mitad, quítele las pepitas y forme bolas con su pulpa.

3 Pele los kiwis y córtelos a rodajas. Pele los lichis y deshuéselos.

4 Dore las pepitas de girasol en una sartén sin grasa.

5 Mezcle las frutas y vierta por encima el té colado. Deje macerar la preparación unas 8 horas; mézclela con cuidado de vez en cuando. Distribuya la ensalada en cuencos individuales y reparta por encima las pepitas de girasol y la crema montada.

El sake es un licor japonés derivado del arroz. En caso de que no disponga del mismo, puede sustituirlo por jerez dulce o incluso por zumo de limón o de naranja.

Ensalada de uvas
con sabayón de manzana

Es ideal para cualquier época del año. La ensalada queda realzada por las manzanas, la canela y las almendras.

Ingredientes

2 **manzanas** ácidas

zumo de 1 limón

2 cucharadas de **jarabe de arce** o **miel**

50 g de **uvas** verdes y 50 g de negras

2 **yemas de huevo**

3 cucharadas de **azúcar**

2 pizcas de **canela**

125 ml de **zumo de manzana** natural

2 cucharadas de **almendras** laminadas

Preparación

PARA 4 PERSONAS

1 Cuartee las manzanas, pélelas y descorazónelas. Corte la manzana a lonchas muy finas. Mezcle una cucharada de zumo de limón con el jarabe de arce y rocíe con ello las manzanas.

2 Lave las uvas, córtelas por la mitad y quíteles las pepitas.

3 Ponga las yemas de huevo, el resto de zumo de limón, el azúcar y la canela en un cazo al baño María. Mézclelo con una batidora de varillas hasta que obtenga una crema espumosa. Mientras bate, vierta el zumo de manzana poco a poco.

4 Vierta el sabayón sobre la ensalada y adórnela con las almendras fileteadas.

El jarabe de arce es el zumo que se obtiene del arce sacarino. Tiene un aroma parecido al caramelo y combina bien con bayas, crepes, helados o postres dulces. Puede sustituirlo por miel.

Ensalada de bayas
con licor de grosellas negras

Preparación
PARA 4 PERSONAS

1 Lave las grosellas y arránquelas del tallo. Prepare las fresas, las frambuesas y las zarzamoras y lávelas. Corte las fresas por la mitad.

2 Para hacer la maceración, mezcle suavemente la jalea de grosellas con el licor de grosellas negras o, en caso de haber niños, zumo de naranja o grosella.

3 Mezcle con cuidado en una ensaladera las bayas preparadas. Rocíelas con la maceración, remueva suavemente y déjelas reposar unos 30 minutos.

4 Distribuya la ensalada de bayas en 4 platos, espolvoréela con el azúcar lustre y decórela con unas hojas de menta.

Ingredientes

125 g de **grosellas rojas**

100 g de **grosellas negras**

250 g de **fresas**

250 g de **frambuesas**

125 g de **zarzamoras**

2 cucharadas de **jalea de grosellas negras**

3 o 4 cucharadas de **licor de grosellas negras**

(**casis**) o de **zumo de grosella**

el **zumo** de una **naranja**

1 cucharada de **azúcar lustre**

unas hojas de **menta**

Ingredientes

150 g de **uvas negras** y 150 g de **uvas verdes**

250 g de **ciruelas**

2 **manzanas** pequeñas

2 **peras** pequeñas

2 cucharadas de confitura de **arándanos rojos**

100 ml de **jerez** semiseco

50 g de **nueces**

Ensalada otoñal con nueces

Preparación

PARA 4 PERSONAS

1 Lave las uvas y las ciruelas, córtelas por la mitad y quíteles las pepitas y los huesos. Corte las ciruelas a gajos finos.

2 Corte las manzanas y las peras por la mitad, quíteles el corazón, pélelas y córtelas a lonchas. Póngalas en una ensaladera grande.

3 Tamice la confitura de arándanos rojos por un tamiz de malla fina y mézclela con el jerez.

4 Mezcle la preparación anterior con las frutas y déjelas reposar unos 30 minutos. Antes de servirlas, adórnelas con las nueces.

Ensalada de higos y kiwis con *mousse* de dátiles y plátanos

Esta ensalada de matices orientales se compone de higos, kiwis, nectarinas y almendras y se sirve acompañada de una *mousse* de dátiles y plátanos.

Ingredientes

4 **higos** frescos

4 **kiwis** maduros

2 **nectarinas**

100 ml de **zumo de grosellas rojas**

1 cucharada de **almendras** picadas

unas ramitas de **menta**

4 **dátiles**

1 **plátano**

Preparación

PARA 4 PERSONAS

1 Lave los higos y cuartéelos. Pele los kiwis y córtelos a rodajas.

2 Ordene las rodajas de kiwi en círculos siguiendo el borde y la base de los platos, y coloque encima los higos.

3 Lave las nectarinas, córtelas por la mitad, deshuéselas y córtelas a lonchas.

4 Caliente el zumo de grosellas hasta que adquiera una consistencia almibarada. Agréguele las lonchas de nectarina y las almendras. Deje que se calienten y distribúyalas a continuación sobre los kiwis. Decórelo todo con unas ramitas de menta.

5 Deshuese los dátiles y desmenúcelos. Pele el plátano, cháfelo y mézclelo con los dátiles. Adorne con ello la ensalada antes de servirla.

Los higos frescos tienen una pulpa blanda, jugosa, aromática y dulce, pero si no encuentra, puede sustituirlos por higos secos, blanqueados y picados.

Ensalada de piña, rambután y mascarpone

No se pierda esta ensalada de rambután, piña y naranja, mimada por el sol.

Ingredientes

500 g de **rambután**

1 **piña** madura

1 **naranja** sin tratar

250 g de **mascarpone**

100 g de **crema de leche**

50 g de **azúcar lustre**

50 g de **pacanas**

Preparación

PARA 4 PERSONAS

1 Pele el rambután y deshuéselo. Pele la piña, cuartéela, quite el tronco leñoso central y córtela en trozos de un tamaño regular.

2 Lave a fondo la naranja y séquela. Corte la piel en tiras muy finas. Corte la naranja por la mitad y exprima su zumo. Mezcle el zumo con la piel rallada y el mascarpone.

3 Bata la crema de leche con el azúcar lustre y agréguele la mezcla de mascarpone. Deje que se enfríe en la nevera. Desmenuce las pacanas.

4 Mezcle la piña con el rambután y vierta por encima la crema de mascarpone. Esparza las pacanas troceadas sobre la ensalada.

El rambután es una fruta originaria de Malasia y se parece a los lichis chinos; de hecho, también se llama «lichis peludo» ya que su piel está cubierta por pelo de color amarillo o rojo.

Índice de recetas

BLUME

Título original:
Salate

Traducción:
Juan Barris Sabatés

Revisión de la edición en lengua española:
Ana María Pérez Martínez
Especialista en temas culinarios

Coordinación de la edición en lengua española:
Cristina Rodríguez Fischer

Primera edición en lengua española 2002
Reimpresión 2003 (2), 2004 (2), 2005

Av. Mare de Déu de Lorda, 20
08034 Barcelona
Tel. 93 205 40 00 Fax 93 205 14 41
E-mail: info@blume.net

ISBN: 84-8076-431-7
Depósito legal: B. 2.107-2005
Impreso en Filabo, S.A., Sant Joan Despí (Barcelona)

Créditos fotográficos

Sobrecubierta: StockFood/James Duncan (portada); StockFood/Michael Brauner (contraportada, centro); StockFood/Susie Eising (contraportada, izquierda y derecha)

Christian R. Schulz: 58–59, 76; StockFood/Klaus Arras: 27; StockFood/Uwe Bender: 2–3, 67; StockFood/Harry Bischof: 7 (siz, 1. i 2. iiz), 95; StockFood/Michael Brauner: 17, 51, 85, 89; StockFood/Caggiano Photogr.: 40; StockFood/James Carrier Photogr.: 10–11, 31, 55; StockFood/Jean Cazals: 21, 63, 87; StockFood/James Duncan: 1, 34–35, 57, 61; StockFood/Susie Eising: 6 d, 8, 9, 13, 19, 25, 28, 29, 39, 43, 46, 47, 52, 53, 64, 71, 73, 75, 77, 79, 80–81, 83, 84, 90, 91; StockFood/S. y P. Eising: 4–5, 7 (2. iiz), 69, 93; StockFood/Len Mastri: 15, 41; StockFood/Brett Odgers: 22; StockFood/Antje Plewinski: 33, 45; StockFood/Scherer: 7 (sd, id); StockFood/Maximilian Stock Ltd.: 6 iz.; StockFood/Elizabeth Watt: 16, 23, 37, 49; StockFood/Frank Wieder: 65, 70